T0004178

NITRO CIRCUS

LO MEJOR DE

BMX

RIPLEY

PUBLISHING

a Jim Pattison Company

BMX es la abreviatura de "bicycle motocross". El ciclismo BMX es un deporte originalmente inspirado en las carreras de motocross. Los jóvenes ciclistas veían cómo se divertían los pilotos de motocross y quisieron crear sus propias carreras extremas. Algunos ciclistas agregaron trucos, giros y vueltas inspirados en los skaters ¡y así nació el BMX estilo libre!

Las carreras de BMX nacieron a fines de los años 60 y principios de los 70 en California cuando jóvenes ciclistas corrían carreras en pistas de tierra con sus bicicletas de cuadros pequeños y manillares "cuelga monos". La primera carrera nacional de BMX se corrió en 1974. En unos pocos años, los pilotos ya daban vueltas en el aire, saltaban en el medio tubo y hacían trucos desde barandas. Hoy los competidores participan en BMX de carrera, BMX estilo libre o BMX big air, que es uno de los eventos principales en las competencias Summer X Games y Nitro World Games.

DATOS

El BMX de carrera se convirtió en deporte olímpico en los Juegos Olímpicos de Verano de Beijing 2008.

El BMX freestyle consiste en trucos sobre una bicicleta. ¡Formará parte de los Juegos Olímpicos por primera vez en 2020!

Las bicicletas de BMX, en general, son de acero o aluminio. El rodado de las bicis varía entre 16″ y 26″.

¡A los ciclistas de BMX estilo libre les encanta dominar trucos en el aire y en el plano!

Las bicicletas de BMX vienen de muchas variedades diferentes, pero todas tienen cuadros pequeños, un solo engranaje, neumáticos anchos y manillares altos, para tener más comodidad.

El BMX freestyle es considerado uno de los deportes más extremos por su alto grado de riesgo y peligro. ¡La velocidad, la altura y la dificultad de los movimientos lo convierten en una experiencia excitante y peligrosa!

TRUCOS DE ESTILO LIBRE VERSUS VELOCIDAD DE CARRERA

¡DE LA VELOCIDAD A LOS TRUCOS Y AL AIRE!

El BMX de carrera es una carrera todo terreno inspirada en el motocross. Los pilotos corren en un circuito de una sola vuelta que incluye saltos en rampas de tierra, montículos y curvas con bordes abruptos. En la carrera de BMX lo que importa es la velocidad. Un máximo de ocho corredores se acomodan en la valla de largada para comenzar la carrera. Dada la velocidad y la dificultad del circuito, es común que se produzcan colisiones en cadena.

Los pilotos de vert usan una estructura de rampa de medio tubo para realizar piruetas en el aire mientras circulan de un lado al otro de la rampa. El BMX vert es una de las disciplinas de los Summer X Games desde 1995.

El dirt jump evolucionó junto con el BMX de carrera pero incluye saltos en rampas de tierra. Las bicicletas de dirt jump son una mezcla de una bici de BMX y una mountain bike.

El **BMX freestyle** consiste en trucos sobre una bici de BMX. Es una evolución de las carreras de BMX que recibió la influencia del skateboarding y tiene más que ver con trucos y vueltas. Los pilotos usan barandas, rampas, cordones y sendas, además de su habilidad y creatividad, para saltar en el aire y sorprender al público. Hay cientos de trucos de BMX estilo libre, como el Superman, tire grab, tobogán, tailwhip, steamroller, footjam y la máquina del tiempo iy todos los días se inventan más!

El BMX estilo libre tiene múltiples disciplinas: **vert, dirt, street, park, flatland y big air.**

Los pilotos de flatland son artistas que hacen giros, saltos y equilibrio con sus bicis sobre superficies planas y lisas.

Los pilotos de park (como en "skate park") usan rampas de madera o cemento para aprender y dominar sus trucos.

Los pilotos de street usan estructuras y espacios públicos, como cordones, barandas y escalones para realizar sus trucos.

COMPETIR EN EL GRAN ESCENARIO

¡GANAR EL ORO EN BMX!

Una competencia de carrera de BMX incluye múltiples mangas (o *motos*). Comienzan con las clasificatorias, y los ganadores pasan a cuartos, semis y a las finales.

El BMX freestyle es uno de los eventos más populares de la competencia de deportes extremos Summer X Games, y el BMX vert (cuartos de tubo verticales de 14' de alto unidos por una base plana de 15') forma parte de los juegos desde sus inicios.

DATOS CLAVE

El BMX de carrera es relativamente nuevo en los Juegos Olímpicos; se lo incluyó por primera vez en los Juegos Olímpicos de Verano de 2008. Hay carreras de BMX de hombres y de mujeres, y las pruebas se disputan durante tres días.

Los X Games son un evento anual de deportes extremos organizado, producido y transmitido por ESPN desde 1995. Se entregan medallas a los atletas en cinco modalidades de BMX estilo libre (vert, park, street, big air y dirt), BMX carrera y muchos otros deportes extremos, incluidos skateboarding y mountain bike. También hay una competencia anual de invierno, los Winter X Games.

NITRO WORLD GAMES

En los Nitro World Games 2017, Ryan Williams fue el único atleta en la competencia que llegó a las finales en dos eventos en dos disciplinas. Williams ganó en Mejor Truco en Scooter y Mejor Truco en BMX y fue el primer competidor de la historia en ganar múltiples eventos en los Nitro World Games.

Los Nitro World Games son una competencia internacional de deportes extremos creada por Nitro Circus; la primera edición se realizó en 2016. Los atletas de BMX, FMX (freestyle motocross), scooter, rollers y skate compiten por medallas. ¡En pocos años, en estos juegos se rompieron muchos récords y se lograron muchos trucos por primera vez!

1st

BMX BEST TRICK
JUNE 24 2017
SALT LAKE CITY, UT

LAT

Los pilotos de flatland realizan sus trucos sobre superficies lisas y planas (generalmente de hormigón). No usan rampas o barandas, sino que, en cambio, giran, saltan y hacen equilibrio sobre sus bicicletas, con el objetivo de no tocar el suelo. Se los califica en base al estilo y la fluidez, la dificultad de sus trucos y su espectacularidad. Se lo considera la forma más artística de BMX estilo libre.

BUJE FREECOASTER

Estos bujes especiales les permiten a los ciclistas deslizarse para atrás sin tener que pedalear.

PEGS TRASEROS Y DELANTEROS

Las bicis de flatland normalmente tienen pegs delanteros y traseros, que permiten a los pilotos balancearse y desplazar el peso a diferentes posiciones parándose sobre los pegs.

DISTANCIA ENTRE EJES

La distancia entre ejes es mucho más corta, por lo que es más fácil hacer girar la bici y realizar trucos.

LAND

MANILLAR

Los manillares de las bicis de flatland tienen "cero inclinación", lo que significa que tienen la misma posición y se sienten igual al tacto ya sea que miren hacia adelante o hacia atrás.

ROTORES

Los rotores permiten que los manillares giren 360 grados sin que se enreden los cables. Los ciclistas pueden hacer más giros y trucos con un rotor.

FRENOS DELANTEROS Y TRASEROS

Las bicis de flatland a menudo tienen frenos delanteros y traseros para tener máximo control sobre la bicicleta.

NEUMÁTICOS

Las bicis de flatland usan neumáticos de muy alta presión, para poder deslizarse con facilidad y rapidez.

CUADRO

Los cuadros de flatland son de perfil bajo con un eje de pedalier elevado para una mayor maniobrabilidad.

BMX FLATLAND: COMO BAILAR EN UNA BICI

REBOTAR, SALTAR Y BRINCAR

EL POGO

El pogo es un truco de BMX flatland que requiere equilibrio y precisión. Básicamente se trata de saltar sobre una rueda únicamente mientras estamos parados sobre los pegs. Lo hacemos aplicando los frenos y usando nuestro peso para despegar la rueda del suelo.

Nuestro peso, no nuestros brazos, debería levantar la rueda del suelo. Usamos la bici como un pogo saltarín, rebotando sobre una rueda. Hay que ser buenos en los endos y los track stands antes de pretender dominar el pogo. Siempre se deben mantener los frenos aplicados durante un pogo.

CLAVE

Los pilotos de flatland agregan expresión y emoción a sus trucos.

A menudo se compara el BMX flatland con el breakdance por su estilo y fluidez similar.

Los pilotos de flatland son muy dedicados y disciplinados, y el BMX flatland requiere mucha práctica para hacerlo bien.

Los pilotos también son juzgados por cuántas veces tocan el suelo con los pies durante las secuencias de trucos. Cuantas menos veces, mejor.

PRINCIPIANTE INTERMEDIO AVANZADO

NITRÓMETRO

TRACK STAND

El equilibrio es clave en casi todos los trucos de BMX; el track stand, que es prestado del ciclismo en pista y en carretera, ¡es una muy buena manera de aprender a controlar el peso corporal y la bici!

El track stand es básicamente hacer equilibrio sobre la bici sin moverse. Lo más fácil es comenzar avanzando lentamente hacia adelante con los pies en los pedales y las manos en el manillar y, luego, una vez que logramos el equilibrio, apretar el freno para dejar de avanzar. Nos mantenemos quietos el mayor tiempo posible y, cuando sentimos que nuestro peso se desplaza demasiado hacia un lado, pedaleamos hacia adelante para recuperar el equilibrio. Repetimos tratando de quedarnos quietos cada vez más tiempo ¡hasta que podamos mantener el equilibrio todo el tiempo que queramos!

PRINCIPIANTE · INTERMEDIO · AVANZADO

NITRÓMETRO

BICI DE DIRT

La bici de dirt jump es una mezcla de BMX y mountain bike. Tiene un cuadro muy robusto y ruedas enormes con neumáticos megaprotuberantes. Las bicis de dirt jump son súper versátiles, y a menudo se lucen en la rampa Giganta en los espectáculos de Nitro Circus.

ASIENTO

Los asientos están bajos y hacia atrás, para dejar más espacio para maniobrar el cuerpo durante los trucos.

FRENOS

Las bicis de dirt jump, como la mayoría de las mountain bikes contemporáneas, usan frenos de disco. Brindan mejor poder de frenado y más control.

JUMP

¿YA LO SABÍAS?

El cuadro pequeño y compacto de la bici de dirt jump hace que sea más fácil moverse en el aire para poder realizar una amplia variedad de trucos.

CUADRO

Todos los cuadros de las bicis de dirt jump están hechos de aluminio para ser livianos y firmes.

SUSPENSIÓN

Los amortiguadores rígidos delanteros ayudan a absorber el impacto del aterrizaje en los trucos de big air y, a la vez, permiten tener control al deslizarse por pistas de tierra o parques de skate.

NEUMÁTICOS

Sus neumáticos tienen las bandas de rodadura más profundas de todas las bicis de BMX para resistir los saltos y los golpes. El tamaño de las ruedas en general es de 26".

Las bicis de BMX freestyle tienen cuadros súper robustos, construidos para trucos y vueltas sobre varias superficies, incluidas rampas, barandas y hormigón plano. Las bicis de freestyle son las favoritas de los pilotos de Nitro Circus y se las usa para competencias de big air.

FRENOS TRASEROS

Las bicis de BMX freestyle usan frenos en U, pero algunos ciclistas prefieren no usar frenos directamente.

CUADRO

Los cuadros son compactos (normalmente 20,5-21,5") y muy robustos.

PEGS TRASEROS Y DELANTEROS

Las bicis de BMX freestyle generalmente tienen pegs delanteros y traseros, que permiten a los ciclistas hacer trucos especiales y animarse a barandas y barras.

DISTANCIA ENTRE EJES

La distancia entre ejes es muy corta, por lo que es más fácil hacer girar la bici y realizar trucos.

CLAVEROTOR

Los rotores permiten que los manillares giren 360 grados sin que se enreden los cables. Los ciclistas pueden hacer más giros y trucos con un rotor.

DATOS CLAVE

Las bicis de BMX freestyle se pueden modificar para adaptarlas a la superficie preferida del piloto, desde calle, a tierra, hormigón o rampas.

Los pilotos de BMX freestyle usan barandas, cordones y sendas para realizar trucos y sorprender al público.

¡El BMX freestyle es popular en todo el mundo, pero comenzó en los Estados Unidos!

NEUMÁTICOS

¡Las ruedas de alta presión, generalmente nudosas, tienen 36 rayos! La banda de rodadura puede diferir, según dónde pasemos el tiempo haciendo trucos.

¡MANÉJATE CON PRUDENCIA E INTELIGENCIA!

TIPS DE SEGURIDAD DE BMX FREESTYLE

Ser prudente significa más tiempo en tu bicicleta y menos tiempo fuera de juego por lesiones. Ser prudente no es sólo contar con el equipo adecuado; también se trata de manejarse con prudencia. Para empezar, no te exijas más allá de tu capacidad, en especial cuando estás aprendiendo nuevos trucos y técnicas. ¡Y siempre comienza con los trucos más sencillos antes de pasar a los más avanzados!

Debes estar atento a tu entorno. Ya sea que seas ciclista de BMX street, vert, flatland o dirt, debes estar atento a los peligros. Si eres ciclista de flatland o street, eso quiere decir estar atento a los peatones o a otro tránsito, o incluso a basura, vidrios u otros peligros en la calle.

También revisa la pista para detectar escombros y problemas potenciales antes de arrancar. Si eres un ciclista de vert o park, tu peligro más probable son los otros ciclistas. Sigue las reglas básicas y asegúrate de que las rampas estén libres de ciclistas antes de arrancar.

¿YA LO SABÍAS?

Lleva mucho tiempo y mucha práctica dominar los trucos que ves hacer a los mejores pilotos de BMX freestyle. Comienza con lo básico, como el bunny hop, manual y endo antes de intentar los combos descabellados.

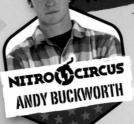

NITRO CIRCUS
ANDY BUCKWORTH

Tu bici de BMX recibe muchos golpes cuando estás corriendo o practicando trucos. ¡Asegúrate de que todas las piezas de tu bici estén ajustadas antes de empezar! No olvides darle un vistazo a tu bici y revisar estas partes:

1. ¿Tus neumáticos necesitan aire? Los neumáticos de BMX freestyle deben inflarse al máximo para lograr un mejor equilibrio y rebote.

2. Asegúrate de que funcionen los frenos. Revisa las manijas de freno y asegúrate de que hagan contacto con los neumáticos.

3. Asegúrate de que nada esté flojo. El terreno irregular o los sacudones pueden aflojar las conexiones con el tiempo.

4. Asegúrate de que el asiento esté bien ajustado.

EQUÍPATE PARA LOGRAR MEJORES RESULTADOS

¡MÁS TIEMPO, MÁS RÁPIDO, MÁS ALTO Y MÁS DIVERTIDO!

1 Escoge un casco de estilo "skate" fuerte y robusto que tenga más protección para la parte posterior de la cabeza. Asegúrate de que el casco esté certificado por la CPSC para saber que será fuerte y seguro. Bell Helmets es una de las marcas principales que usa la mayoría de los atletas de Nitro.

2 Los guantes evitan los callos por la empuñadura de la bici y protegen las manos del cemento y el asfalto cuando te caes. Cuando no sientes dolores constantes, te diviertes más.

NITRO CIRCUS
MATTY WHYATT

TIPS PRO

Algunos parques de skate y organizaciones online donan cascos adecuados a los ciclistas que no pueden acceder a ellos. Encuentra una organización que pueda darte una mano. También prueba con las tiendas de artículos usados, pero asegúrate de que el casco no esté dañado. Lo más importante, ¡no uses un casco de bicicleta común!

3. Los codos y las rodillas en general son las primeras cosas que tocan el suelo cuando un truco sale mal. ¡Protégelos para poder levantarte y seguir andando en cuestión de segundos!

4. Usa calzado cerrado que tenga buen agarre en las suelas para no resbalarte de los pedales.

COMIENZA CON LO BÁSICO

SENTAR LAS BASES

En BMX freestyle, hay algunas habilidades básicas que son esenciales para aprender todo lo demás, ¡no importa cuán alocado sea el combo!

Debes comenzar por dominar estas técnicas importantes y fundamentales, ¡ya que son las piezas que necesitas para convertirte en un maestro del freestyle en todas sus formas!

BUNNY HOP

TRUCO #3

NITRÓMETRO

PRINCIPIANTE INTERMEDIO AVANZADO

¡APRENDIENDO EL BUNNY HOP!

Comienza avanzando con los pies sobre los pedales paralelos al suelo y practica elevar el manillar hacia tu cintura. Sigue practicando hasta que puedas acercar la barra del manillar al pecho. Luego, agrega tirar del manillar con más fuerza y salta hacia arriba con las piernas.

Salta con tu cuerpo al mismo tiempo que tiras del manillar. Cuanto más practiques, más alto y más controlado será tu salto de conejo.

EL MANUAL

Los ciclistas de freestyle usan el manual para unir dos trucos en una secuencia.

Un manual es cuando avanzas sobre la rueda trasera sin girar los pedales. Avanzando a velocidad media, eleva la rueda delantera del piso, desliza el peso de tu cuerpo hacia atrás, con la espalda y el abdomen rígidos, y logra equilibrio con las piernas.

NITRÓMETRO

PRINCIPIANTE INTERMEDIO AVANZADO LOCO!

TIPS PRO

NITRO CIRCUS
TODD MEYN

Una vez que tienes bajo control las técnicas fundamentales, puedes empezar a agregarles cosas, crear tu propio estilo y mostrar combos increíbles. ¡Ahora tienes un menú de trucos para empezar a trabajar!

DOBLE PEG GRIND

TRUCO #5

Escoge una baranda o un saliente un poco más alto que tus pegs, y luego avanza hacia allí y da un salto de costado (un bunny hop lateral) para subirte, aterrizando sobre los pegs y doblando los brazos y las piernas para amortiguar, y mantén el equilibrio mientras te deslizas por la baranda. A medida que se reduce la velocidad, da otro salto para bajarte de la baranda iy listo!

INTERMEDIO
AVANZADO
PRINCIPIANTE
NITRÓMETRO

EL FOOT JAM

TRUCO #6

Para hacer el foot jam, traba la rueda delantera contra un cordón o una pared (o usa el freno delantero para frenarla) y luego eleva la rueda trasera, sin perder el control.

NITRÓMETRO

PRINCIPIANTE · INTERMEDIO · AVANZADO

¡VUELTAS Y VUELTAS!

SPINNING EN EL AIRE

Los giros aéreos tienen muchas formas y tamaños y son algunos de los trucos aéreos más importantes en BMX freestyle. Haces girar toda la bicicleta mientras está en el aire. Los giros se miden en grados, como 180, 360 (una rotación completa), 540, 720 ¡e incluso 900 (es decir, dos vueltas y media)!

Para ser bueno en los giros, necesitas sentirte cómodo aproximándote a los saltos a velocidades moderadas. Luego comienza con el giro de 360 grados y, a partir de eso, sigue mejorando. ¡El giro de 180 grados puede ser más difícil a veces porque aterrizarás y arrancarás hacia atrás (llamado un *fakie*)! Debes tener en cuenta que si avanzas con el pie derecho adelante, girarás hacia tu izquierda, y si avanzas con el pie izquierdo adelante, girarás a la derecha.

¿YA LO SABÍAS?

Un barspin es cuando se gira el manillar mientras la rueda delantera (o toda la bici) está en el aire y luego se vuelve a agarrar el manillar en la posición natural, es decir, mirando hacia adelante. Los ciclistas de flatland también hacen este truco en combinaciones con otras técnicas de flatland.

TRUCK DRIVER

El truck driver es un buen ejemplo de cómo los ciclistas de freestyle combinan varios trucos en combos para que sean más impresionantes y difíciles de copiar.

El truck driver es un giro aéreo en el que se gira la bici 360 grados mientras, al mismo tiempo, se hace un barspin (cuando se gira el manillar mientras la rueda delantera, o toda la bici, está en el aire y luego se vuelve a agarrar el manillar mirando hacia adelante). El cuerpo va a ir naturalmente para el lado que gires la cabeza y los hombros. Siempre que la cabeza y los hombros estén girando, el resto de tu cuerpo los va a acompañar.

PRINCIPIANTE INTERMEDIO AVANZADO

NITRÓMETRO

TIPS PRO

NITRO CIRCUS
ANDY BUCKWORTH

A medida que te sientas más cómodo haciendo diversos giros, puedes ir complicándolos haciendo giros con una mano, sin manos y con un pie. ¡Los pro hacen eso para crear combos de giros y vueltas que nadie haya visto antes!

TABLETOP

¿Qué es el tabletop? Mientras estás en el aire, trae la bici hacia un lado de tu cuerpo girando el manillar y usando tu cuerpo para poner la bici plana como si fuera una mesa.

El tabletop a menudo se confunde con el truco invert, que es más difícil y no incluye tanto giro del manillar, si bien coloca la bici en posición de mesa.

Ingresa al salto con buena velocidad, y luego a la altura máxima del salto, tu rodilla derecha (si avanzas con el pie derecho adelante) se cruza sobre el cuadro y empuja hacia abajo mientras la otra pierna empuja hacia arriba. Esto hace que la bicicleta quede plana.

EL INVERT

NITRO CIRCUS
KURTIS DOWNS

Aprende a visualizar un truco de principio a fin y, luego, avanza paso por paso hasta alcanzar la meta. Es fundamental practicar los movimientos en el suelo antes de hacerlos en el aire. Recuerda siempre mantener las rodillas juntas durante el tabletop y el invert.

¡El invert es un tabletop al revés extendido y un truco mucho más difícil!

El tabletop se considera un truco de nivel intermedio, mientras que el invert se considera de nivel avanzado.

¿YA LO SABÍAS?

Un **air** es cualquier truco que realizas mientras estás en el aire. Una vez que te sientas cómodo con los saltos rápidos y controlados, comienza con los giros de la barra y barspins y avanza desde allí.

PRINCIPIANTE INTERMEDIO AVANZADO
NITRÓMETRO

TRUCO #10

TUCK NO-HANDER

¡Quitas las manos del manillar y lo aprietas contra tu regazo!

Circulando a una velocidad relajada, realiza un salto normal a una altura decente, tirando del manillar hacia tu cintura y doblando las rodillas levemente en la altura máxima del salto. Durante cada intento, trata de tirar antes del manillar, manteniendo apretado el cuadro de la bici para mantenerlo en su lugar. Si sientes que la bici se bambolea o el manillar gira, debes sostener mejor la bicicleta.

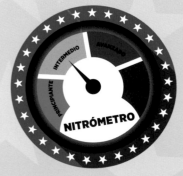

NITRÓMETRO

PRINCIPIANTE · INTERMEDIO · AVANZADO

EL CAN-CAN

En el can-can traes el pie dominante completamente sobre la bici hacia el otro lado y luego lo regresas al pedal antes de aterrizar.

Para complicarlo más, el can-can sin pies es cuando el ciclista hace un can-can pero también saca el otro pie del pedal, por lo que ambas piernas están de un lado de la bici y los dos pies están fuera de los pedales.

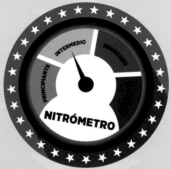

PRINCIPIANTE INTERMEDIO AVANZADO

NITRÓMETRO

TIPS PRO

Asegúrate de saber qué pie está adelante durante tus saltos porque determinas qué lado usas para

NITRO CIRCUS
ETHAN ROBERTS

¡NO LE TEMAS AL LOOKBACK!
MIRANDO HACIA ATRÁS

TRUCO #12

TURNDOWN

Mientras está en el aire, el ciclista tira del manillar hacia arriba y empuja la bici hacia afuera con las piernas, hacia el pie trasero, no dominante.

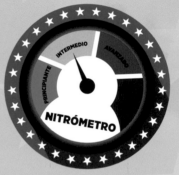

PRINCIPIANTE INTERMEDIO AVANZADO

NITRÓMETRO

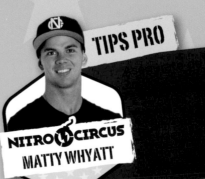

TIPS PRO

NITRO CIRCUS
MATTY WHYATT

EL LOOKBACK

Este truco intermedio es muy bueno para conectar otros dos trucos, como una transición.

En lo más alto del salto, gira el manillar hacia abajo y a la derecha (si tu pie derecho va adelante) mientras, al mismo tiempo, empujas la bici hacia el mismo lado del cuerpo usando las piernas.

INTERMEDIO
AVANZADO
PRINCIPIANTE

NITRÓMETRO

¿YA LO SABÍAS?

Este truco es una combinación de un air opuesto y un turndown. A veces se lo utiliza para hacer un giro o transferencia más sofisticada en un cuarto de tubo.

TIPS PRO

NITRO CIRCUS
JAIE TOOHEY

Comienza con un air opuesto (tu lado no dominante) y luego realiza un turndown a la derecha antes de llegar a la mitad del salto. Deberías aterrizar mirando hacia adelante.

¡ARRIBA, ARRIBA Y A VOLAR!

¡APRENDE A VOLAR COMO SUPERMAN!

TIPS PRO

NITRO CIRCUS
ANDY BUCKWORTH

A medida que te sientas más cómodo haciendo el Superman, podrás estirarte y extender más tus piernas. ¡Cuanto más grande el air, más tiempo tendrás para extenderte y agregar variaciones, como el KOD Superman de la foto!

¡APRENDIENDO EL SUPERMAN!

1. Desliza tus pies fuera de los pedales en cuanto la bici despega del borde de la rampa. Empuja la bici hacia delante de ti y hacia arriba. Estira los brazos. ¡Aférrate bien a la bici!

2. Junta los pies y estíralos hacia la parte trasera de la bici. Tu cuerpo debería estar plano en este punto, como si estuvieras acostado. La bici debería estar delante de ti.

3. Vuelve a llevar los pies hacia la bici y encuentra los pedales.
4. Asegúrate de estar paralelo al suelo; de lo contrario, ajusta la bici.
5. ¡Aterriza con suavidad y bajo control!

SUPERMAN

El Superman es uno de los trucos aéreos de BMX freestyle más reconocidos. Mientras está en el aire, el piloto levanta los dos pies de los pedales y los empuja hacia atrás detrás suyo, paralelos al suelo, para parecer Superman volando. Algunos dicen que se remonta a 1987, pero otros dicen que existe informalmente desde los mismos inicios del deporte.

Para dominar el Superman, necesitas sentirte cómodo aproximándote a tus saltos a buenas velocidades y ser capaz de lograr una altura decente en tus saltos.

PRINCIPIANTE INTERMEDIO AVANZADO LOCO!

NITRÓMETRO

DATOS CLAVE

Necesitas estar de vuelta sobre el asiento con los pies en los pedales antes de aterrizar. ¡De lo contrario, te vas a estrellar!

•••••••••••••••••••••••••

Algunos pilotos incluso pueden soltar la bici por completo durante unos segundos, ¡y esto se llama el Superman Nothing!

•••••••••••••••••••••••••

Los pro agregan otros trucos mientras hacen el Superman para maximizar sus puntajes y por el factor sorpresa.

SUPERMAN SEAT GRAB

¡El Superman seat grab es cuando el piloto retira sus manos del manillar y agarra el asiento mientras extiende el cuerpo antes de volver a tomarse del manillar y aterrizar! ¡Es incluso más complicado que el Superman tradicional!

DANDO VUELTAS CON ESTILO
¡HACIA ATRÁS, HACIA ADELANTE Y DOBLES!

En los flips o vueltas, una habilidad avanzada, el piloto y la bici quedan patas para arriba mientras están en el aire.

Hay muchos tipos de flips: backflip, frontflip, bikeflip y flair son algunos ejemplos. Cuando estás aprendiendo estos impresionantes trucos, es mejor comenzar con una piscina de gomaespuma.

Una pirámide es una rampa de skate o bici que tiene una caja en el medio con una parte superior plana y rampas en dos o más lados. Son fantásticas para aprender trucos antes de pasar a un parque de skate propiamente dicho.

PIRÁMIDE

LA FAMILIA DE FLIPS

FRONTFLIP

El más difícil de los flips básicos, lo importante en el frontflip es el impulso inicial. Si se usan los frenos puede ser más fácil lograr la elevación adecuada. ¡Practica en una piscina de gomaespuma para empezar!

BACKFLIP

Un truco avanzado pero mucho más fácil que el frontflip. A medida que despegas en el salto, inclina la cabeza hacia atrás. Mantén siempre la cabeza inclinada hacia atrás para lograr el aterrizaje.

NITRO CIRCUS
TRAVIS PASTRANA

Los pro agregan otros trucos mientras hacen los flips para maximizar sus puntajes. ¡Los combos de flips incluyen backflip barspin, doble backflip, doble frontflip y mucho más! El atleta de Nitro Circus Ryan Williams logró el primer triple frontflip del mundo en BMX en 2015.

FORWARD FRONT BIKEFLIP

Un truco pro en el que el piloto sale de la bici, hace dar vuelta solo la bici en el aire, y luego regresa al asiento y los pedales antes de aterrizar.

FLAIR

Una combinación de un backflip y un giro de 180 grados. ¡Domina el backflip antes de intentar este truco más difícil! Los flairs solo pueden hacerse en un cuarto de tubo.

GIROS EN LUGAR DE VUELTAS
PREPÁRATE PARA SACUDIR ESA COLA

TAILWHIP

El tailwhip es un truco avanzado donde hacemos girar el cuadro de la bici a nuestro alrededor en un círculo completo.

Los pies salen de la bici, y usamos el manillar y nuestro peso para hacer girar la bici en un círculo. Las manos nunca sueltan el manillar, ya que ése es el eje del giro. Movemos el manillar en un movimiento circular para girar la bici alrededor de nuestro cuerpo.

El tailwhip 360 es una variación súper difícil que incluye un giro de 360 grados en el aire.

NITRÓMETRO

PRINCIPIANTE · INTERMEDIO · AVANZADO · LOCO!

TIPS PRO

NITRO CIRCUS
ANDY BUCKWORTH

Si estás listo para aprender el tailwhip, comienza haciendo girar el marco sobre el suelo primero, para poder sentir cómo se moverá la bici alrededor de su eje. ¡Siempre mira a tu bici mientras haces este truco!

BACKFLIP TAILWHIP

El backflip tailwhip es un backflip combinado con un tailwhip. Este es un truco avanzado. ¡Cuanto más alto, mejor!

PRINCIPIANTE INTERMEDIO AVANZADO

NITRÓMETRO

NITRO CIRCUS
MATTY WHYATT

TIPS PRO

Los pro hacen combos de estos trucos ya de por sí complicados, como el tailwhip 360, el bunny hop tailwhip, el tailwhip opuesto, el downside tailwhip y el fakie tailwhip. ¡Una vez que dominas un truco, puedes hacer que se vea aún más genial agregando barspins, bunny hops y mucho más!

DECADE

Con este truco avanzado, te arrojas desde la bici en lo alto del salto, colocas el cuerpo sobre la bici y giras 360 grados alrededor del cuadro mientras sostienes el manillar. Das toda la vuelta hasta volver a encontrarte con la bici y aterrizas con los pies en los pedales. El piloto es el que da la vuelta, no la bici.

Cuando te despegas de la bici al inicio, comienza a girar como si estuvieras haciendo un 360. En cuanto estás en el aire y girando, patea el cuadro o empuja el pedal en la dirección contraria a la que estás girando. Luego rota alrededor de la bici y espera a que la bici esté debajo tuyo antes de volver a poner los pies en los pedales para aterrizar.

NITRÓMETRO

PRINCIPIANTE · INTERMEDIO · AVANZADO

TIPS PRO

Cuando aprendas este truco, asegúrate de la buena vez que estés girando y hayas el buena, vuelve a mantener...

NITRO CIRCUS
TODD MEYN

PASTRANALAND: LOS SUEÑOS SE HACEN REALIDAD

¡EL PRINCIPAL CENTRO DE LOS DEPORTES EXTREMOS!

Travis Pastrana, afamado piloto de automovilismo y motocross estilo libre y ganador de múltiples medallas doradas en los X Games, construyó este increíble complejo de BMX en su propiedad de 65 acres en su estado natal de Maryland.

Muchos de los circuitos se internan en los bosques, con una multitud de rampas y lomadas para escoger.

Pastranaland también cuenta con un colosal complejo de entrenamiento para atletas extremos y dobles de riesgo. Está repleto de medios tubos, rampas de todas las formas y tamaños, una piscina llena de cubos de gomaespuma, un parque de skate privado y una flota de vehículos todo terreno.

¡Travis invita a todo tipo de pro para aprender, jugar y volar! De hecho, varios pro marcaron récords en Pastranaland, incluidos Josh Sheehan (el primer triple backflip) y Jed Mildon (el primer cuádruple backflip). ¡Se construyeron rampas y pistas de tierra especiales para estos intentos!

¡PROEZAS MUNDIALES DE NITRO CIRCUS!

LA HAZAÑA DEL CUÁDRUPLE BACKFLIP: LO IMPOSIBLE HECHO POSIBLE

Nitro Circus, liderado por el cabecilla Travis Pastrana, empuja los límites de los deportes extremos todos los días. ¡Los atletas de Nitro Circus recorren el mundo ejecutando trucos que nunca se hicieron antes, incluidos el primer cuádruple backflip en BMX del mundo!

Algunas proezas mundiales inéditas de Nitro Circus incluyen el primer doble frontflip tailwhip en BMX, el triple frontflip en BMX y el triple backflip en FMX que logró Josh Sheehan en 2015.

¡En mayo de 2015, Jed Mildon hizo lo que muchos pilotos pensaron que era imposible y logró un cuádruple backflip en BMX! Conocido como el "Día de la Revolución", Jed Mildon y James Foster se enfrentaron cabeza a cabeza para ver quién podía realizar el primer cuádruple backflip en BMX del mundo en Pastranaland; Jed completó el truco primero.

¡El equipo de Nitro Circus construye rampas y pistas especiales para sus atletas para ayudarlos a romper récords y hacer realidad sus sueños!

RAMPAS DESCOMUNALES E INIGUALABLES

¡LA RAMPA GIGANTA DE NITRO CIRCUS ES LA REINA DE LAS RAMPAS!

La afamada rampa Giganta de Nitro Circus es una rampa de 50 pies que, increíblemente, recorre el mundo entero con los atletas para ayudarlos a lograr los trucos más dementes y asombrosos nunca vistos.

¡Desde sillones a boogie boards y Jet Skis y, por supuesto, las bicis de BMX, todos han probado sus trucos desde la rampa Giganta!

La cima de la rampa Giganta es un lugar sobrecogedor. ¡Los atletas necesitan mucha práctica antes de lograr la confianza para realizar trucos increíbles desde esta rampa gigantesca!

Para arrojarse desde la rampa Giganta se necesita coraje. Luego de trepar los 70 escalones hasta la cima, los atletas alcanzan velocidades de más de 35 mph antes de dar con un kicker que los lanzará a más de 25 pies de altura.

Nitro Circus y Travis Pastrana creen firmemente en la "evolución con seguridad", lo que quiere decir que, cuando aprendemos un nuevo truco, comenzamos con piscinas de gomaespuma, rampas y superficies de aterrizaje de resina y/o superficies de aterrizaje inflables. ¡Nitro Circus incorpora la seguridad en todas sus rampas!

ARTILUGIOS DE BICIS DE NITRO

¡NITRO CIRCUS REDOBLA LAS TRAVESURAS!

¡La gira mundial de Nitro Circus presenta a Travis Pastrana y los otros atletas de Nitro Circus yendo un paso más allá en cada espectáculo!

La gira muestra a los mejores atletas de BMX, que redoblan sus travesuras con el espectáculo más grandioso, ridículo y divertido de la historia de Nitro. Rampas más grandes, trucos más dementes, saltos mejorados e incluso algunos aterrizajes dolorosos— todo forma parte de su gira mundial. ¡Esta colección de artilugios extravagantes es la atracción principal!

¡Durante las dos horas del espectáculo de Nitro Circus, los pilotos saltan con cualquier cosa para entretener a la multitud y simplemente divertirse, incluida esta bicicleta playera con un carrito para bebé (sin bebé incluido)!

La bicicleta alta es la favorita del público. ¡Básicamente son dos bicis soldadas para crear la bicicleta más deforme del mundo! Los pilotos ni llegan al suelo cuando están montados en la bici, lo que hace que bajarse sean tan difícil como dar saltos mortales.

¡Los artilugios con los que saltaron durante los espectáculos incluyen sillones, triciclos tándem, carretillas y hasta camillas de hospital! Estas ridículas minibicis son las favoritas del público, y los pilotos realizan todo tipo de trucos con ellas, incluidos backflips.

El velocípedo es otro artilugio que usa Nitro Circus para sorprender y entretener al público durante las giras. Los pilotos van más allá y exhiben estas alocadas bicicletas con todo tipo de trucos fantásticos.

MONTADOS EN TÁNDEM

DUPLICA LA ACCIÓN

¡A veces, un backflip de una sola persona no es lo suficientemente difícil para los atletas de Nitro Circus, e intentan backflips con dos, o a veces tres, personas en una bicicleta!

¡Desafiar la gravedad y la física es solo parte de la diversión, como con este formidable backflip de dos personas! Hasta han intentado un backflip con cuatro personas en una moto de motocross... ¡quién sabe qué intentarán la próxima vez!

TODO VUELA

Lo último que esperaríamos ver a 25 pies de altura en el aire es una vieja bicicleta normal de carretera. ¡Están hechas para velocidad y no para el aire! Pero no hay un reglamento en Nitro Circus y todo, hasta una bici de carretera, puede volar.

¡LOS ARTILUGIOS SE ROBAN EL ESPECTÁCULO!

EL SHOW DE NITRO CIRCUS ES PURA DIVERSIÓN

Durante el show, los atletas de Nitro Circus como Brandon Schmidt, Dusty Wygle, Aaron "Crum" Sauvage y Ethen Roberts montan y saltan sobre todo tipo de artilugio demente para asombrar a la multitud.

¡Lo que sea, ellos tratarán de montarlo! ¡A veces lo logran, otras veces no, pero el público siempre se divierte muchísimo!

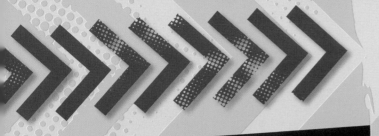

¡SI LO MONTAS, LO SALTAS!

Los atletas de Nitro Circus son conocidos por montarse y dar vueltas en todo lo que tenga ruedas para divertirse y entretener a sus seguidores. ¡Esto incluye esquíes, triciclos tándem, autos de Barbie, un mini Bus VW, sillones, carretillas, triciclos de ruedas grandes para niños, carritos de supermercado, caballitos mecedores con ruedas, tablas de boogie, trineos, Jet Skis, skates e incluso camillas de hospital!

Nunca se sabe qué veremos volar en un show de Nitro Circus. ¡Dusty Wygle es el único boogie boarder en tierra del mundo!

CON USTEDES
ANDY BUCKWORTH

FECHA DE NACIMIENTO: 4 de febrero de 1990

CIUDAD NATAL: Lake Haven, AUS

El australiano Andy Buckworth es una leyenda del BMX que se hizo famoso en 2010 cuando se convirtió en el segundo atleta que logró un doble frontflip en una bici de BMX. ¡Andy luego pasó a formar parte de la lista de los "primeros en el mundo" cuando le agregó algo de brillo al doble frontflip y le inyectó una variante de Superman a la mezcla!

Como competidor de fama mundial y consumado piloto de park, no sorprende que Buckworth forme parte de Nitro Circus desde los comienzos.

SUPERMAN DOBLE FRONTFLIP

PRIMERO EN EL MUNDO

PRINCIPIANTE · INTERMEDIO · AVANZADO · LOCO

NITRÓMETRO

NITRO CIRCUS
CON USTEDES
JAIE TOOHEY

FECHA DE NACIMIENTO: 6 de mayo de 1991

CIUDAD NATAL: Lake Munmorah, AUS

Como muchos atletas en Nitro Circus, Jaie Toohey se inició en las carreras pero rápidamente descubrió que si bien la velocidad y las carreras intensas son gratificantes, se sentía más atraído al mundo invertido del freestyle.

El nativo de Newcastle, Australia, hizo la transición al park y las rampas y, desde entonces, asombra a las multitudes. Toohey alcanzó el podio en competencias renombradas en todo el mundo, incluidos los Nitro World Games y el Dew Tour, y siempre busca probar algo nuevo e impresionante en sus giras mundiales con el equipo de Nitro Circus.

BACKFLIP TRIPLE TAILWHIP

NITRÓMETRO

PRINCIPIANTE · INTERMEDIO · AVANZADO

FECHA DE NACIMIENTO: 11 de julio de 1991
CIUDAD NATAL: Geelong, AUS

Como uno de los fascinantes pilotos de BMX de Nitro Circus, Matt "Matty" Whyatt empuja continuamente los límites con sus explosivos saltos y audaces trucos nuevos.

Whyatt se interesó en el BMX después de probar primero con el skate y luego con el surf. Fanático, como debe ser de *Sons of Anarchy*, los logros del nativo de Geelong, Australia, incluyen crear su "Whyatt Riot" distintivo, que le llevó más de cuatro años de intentos antes de perfeccionarlo. El Whyatt Riot es un backflip tailwhip a un 360 tardío. Matty también logró el primer doublewhip a barspin y le gustaría agregar un segundo whip al backflip tailwhip a 360 tardío. "Si fracasas, intenta, intenta e intenta otra vez", dice.

NITRÓMETRO

NITRO CIRCUS
CON USTEDES
TODD MEYN

FECHA DE NACIMIENTO: 23 de noviembre de 1995
CIUDAD NATAL: Perth, AUS

La sensación del BMX Todd Meyn ha pasado incontables horas perfeccionando su arte. Durante su infancia en Perth, Australia, si buscabas a Todd seguramente lo encontrarías en el parque de skate.

A los 15 años Todd salió segundo en su primera competencia profesional y a partir de allí siguieron muchas más. Con un currículum lleno de trucos impresionantes y una actitud amante de la diversión, Todd fue progresando en su carrera hasta que le ofrecieron formar parte del equipo de Nitro Circus.

DOBLE FRONTFLIP TAILWHIP

NITRÓMETRO

PRINCIPIANTE INTERMEDIO AVANZADO

CON USTEDES
KURTIS DOWNS

FECHA DE NACIMIENTO: 25 de marzo de 1992

CIUDAD NATAL: Firth, ID

El nativo de Idaho Kurtis Downs es uno de los pilotos de BMX más dinámicos e innovadores en el deporte. A pesar de mantener un perfil relativamente bajo, su talento a menudo lo precede.

Downs alcanzó el podio en los dos Nitro World Games y en sus primeros X Games. Estén atentos a este piloto de BMX con estilo FMX. Gran parte de su estilo está influenciado por sus inicios en moto, incluida su hazaña inspirada en el FMX: el primer stripper flip en BMX del mundo.

BACKFLIP CUADRUPLE TAILWHIP

PRINCIPIANTE INTERMEDIO AVANZADO VOLCÁN

NITRÓMETRO

PRIMERO EN EL MUNDO

THE UNIVERSITY OF UTAH

NITRO CIRCUS
CON USTEDES
RYAN WILLIAMS

FECHA DE NACIMIENTO: 22 de junio de 1994
CIUDAD NATAL: Sunshine Coast, AUS

Nacido y criado en la zona de Sunshine Coast en Australia, Ryan "R-Willy" Williams siente pasión por los deportes extremos desde muy pequeño. R-Willy soñaba convertirse en piloto de combate o astronauta, siempre tratando de empujar los límites de lo posible.

R-Willy es una de las personas más versátiles e interesantes de ver en los deportes extremos. El nombre de Ryan está unido a incontables trucos primeros en el mundo (como el primer triple backflip en un scooter), y ha acumulado una interesante base de fanáticos (incluidos más de 1 millón de seguidores en Instagram).

En 2018, R-Willy logró el 1.er puesto en los X Games de Sydney con un nothing front bikeflip seguido de un frontflip flair.

TRIPLE FRONTFLIP

NITRÓMETRO

PRINCIPIANTE — INTERMEDIO — AVANZADO

Vicepresidenta, Licencias & Publicaciones Amanda Joiner
Jefa de Redacción Carrie Bolin

Redactora Jessica Firpi
Diseñador Luis Fuentes
Texto Kezia Endsley
Correctora Rachel Paul
Reprografía Bob Prohaska
Agradecimiento especial al dibujante de Ripley, John Graziano

Presidente Andy Edwards
Director Comercial Brett Clarke
Vicepresidenta, Licencias Globales & Productos de Consumo Cassie Dombrowski
Vicepresidente Creativo Dov Ribnick
Director Global, Relaciones Públicas Reid Vokey
Director, Marketing de Contenido Digital Charley Daniels
Gerente de Cuentas Globales & Activación, Productos de Consumo Andrew Hogan
Director de Arte & Diseño Gráfico Joshua Geduld
Colaborador Micah Kranz

Publicado por Ripley Publishing 2019

10 9 8 7 6 5 4 3 2 1

Copyright © 2019 Nitro Circus

ISBN: 978-1-60991-365-6

Queda prohibida la reproducción total o parcial, el almacenamiento en un sistema de recuperación o la transmisión de forma alguna o por cualquier medio, ya sea electrónico, mecánico, fotocopiado, grabación o de otro modo, de cualquier parte de esta publicación sin el permiso escrito del editor.

Para obtener más información con respecto al permiso, comunicarse con:
VP Licencias & Publicaciones
Ripley Entertainment Inc.
7576 Kingspointe Parkway, Suite 188
Orlando, Florida 32819

Correo electrónico: publishing@ripleys.com
www.ripleys.com/books

Fabricado en China en mayo de 2019.
Primera impresión

NOTA DEL EDITOR
Si bien se han realizado todos los esfuerzos para verificar la exactitud del contenido de este libro, el Editor no será responsable por los errores incluidos en la obra. Agradecen toda la información que
los lectores puedan proporcionar.

ADVERTENCIA
Algunas de las actividades y trucos de riesgo son llevadas a cabo por expertos y ninguna persona debería intentarlos sin supervisión y entrenamiento adecuado.

CRÉDITOS DE FOTOS

2-3 (2p) © MarcelClemens/Shutterstock.com; **3** (sup. der.) Fotografía por Nate Christenson, (inf. der.) Fotografía por Mark Watson; **4** (inf. izq.) sampics/Corbis via Getty Images, (inf. der.) David Berding/Icon Sportswire via Getty Images; **4-5** (2p) Fotografía por Mark Watson; **5** (inf. izq.) Fotografía por Andre Nordheim, (inf. der.) Fotografía por Mark Watson; **7** (der.) Fotografía por Kevin Conners; **8-9** (2p) © Perry Harmon/Shutterstock.com; **10** attl via Getty Images/iStockphoto; **11** totalphoto/Alamy Stock Photo; **16-17** (2p) Richard Bord/Getty Images; **18** (inf. izq.) Fotografía por Mark Watson; **19** (inf. der.) © FADEDinkDesigns/Shutterstock.com; **20** (inf.) Gentileza del Dibujante de Ripley, John Graziano; **22** Charles Knox-Creative/Alamy Stock Photo; **23** Keith Morris/Alamy Stock Photo; **25** (sup.) Fotografía por Kevin Conners; **26** © s-ts/Shutterstock.com; **27** (inf.) Fotografía por Kevin Conners; **28** Fotografía por Mark Watson; **29** (izq.) Fotografía por Mark Watson; **30** (izq.) Fotografía por Mark Watson; **31** (izq.) Fotografía por Mark Watson; **32** (inf.) Fotografía por Mark Watson; **32-33** (2p) james vaughan-spencer/Alamy Stock Photo; **33** (inf.) Fotografía por Mark Watson; **34** (inf. izq., inf. der.) Fotografía por Mark Watson; **34-35** (2p) Fotografía por Mark Watson; **35** (sup. der.) Cate Norian Koch/Red Bull Content Pool, (inf. izq.) Fotografía por Mark Watson, (inf. der.) Fotografía por Kevin Conners; **36** (inf.) Fotografía por Mark Watson; **36-37** (2p) Fotografía por Chris Tedesco; **38** Fotografía por Mark Watson; **39** Fotografía por Mark Watson; **40** (sup. der.) Cate Norian Koch/Red Bull Content Pool , (inf. izq.) Fotografía por Nate Christenson; **40-41** (2p) Fotografía por Nate Christenson; **44-45** © Sport the library/Brett Stanley; **45** (c. der.) Fotografía por Nate Christenson, (c. der.) Fotografía por Mark Watson; **46** (inf. c.) Fotografía por Mark Watson; **46-47** (2p) Fotografía por Mark Watson; **47** (sup. der., inf. der.) Fotografía por Mark Watson; **48-49** (2p) Fotografía por Mark Watson; **49** (sup. der., inf. der.) Fotografía por Mark Watson; **51** (sup. der., c. der., inf. der.) Fotografía por Mark Watson; **53** © Sport the library/Jeff Crow; **55** Fotografía por Chris Tedesco; **57** Fotografía por Chris Tedesco; **59** Fotografía por Mark Watson; **MASTER GRAPHICS** Nitro Meter: Creado por Luis Fuentes

Agradecimiento especial a Bell Sports, Inc., FIST Handwear PTY Ltd., Greenover Ltd., Hyper Bicycles, Inc.

Clave: sup. = superior, inf. = inferior, c. = centro, izq. = izquierda, der. = derecha, 1p = página sencilla, 2p = doble página, f. = fondo

Todas las demás fotos son de Nitro Circus. Se han realizado todos los esfuerzos para reconocer correctamente y contactar a los titulares de los derechos de autor; nos disculpamos desde ya por cualquier error u omisión no intencional, que será corregido en futuras ediciones.